Wörter, die es nicht auf Hochdeutsch gibt

SOFIA BLIND

Wörter, die es nicht auf Hochdeutsch gibt

VON ANSCHEUSELN BIS ZURÜCKDUMMEN

MIT ILLUSTRATIONEN VON
NIKOLAUS HEIDELBACH

DUMONT

Vor-Wort: Leusorg

Leusorg war das erste Wort. Es leuchtete von einem Buchrücken in der Sennerei des Großen Walsertals, und ein wenig Nachblättern zeigte: Diesen Ausdruck gibt es wirklich nur dort, Biologen würden sagen: ein endemischer Begriff. Die Einheimischen haben ein eigenes Wort für die Angst vor der Lawine, der *Leu,* weil im Lauf der Jahrhunderte immer wieder furchtbare Lawinen von den steilen Hängen herabgerauscht kamen.

Damit fing das Ganze an.

Seitdem sind Hunderte von *Wörtern, die es nicht auf Hochdeutsch gibt,* dazugekommen – Begriffe, die keine Entsprechung in der deutschen Standardsprache haben, sondern umschrieben werden müssen. Diese Wortschätze stammen aus den unterschiedlichsten Ecken des deutschen Sprachraums: aus Dialekten wie Pfälzisch, Bairisch oder Berndeutsch, aus dem österreichischen und Schweizer Sprachgebrauch und aus dem Plattdeutschen, das bekanntlich kein Dialekt ist, sondern eine eigene Sprache. Ich fragte Bekannte, schrieb Fachleute an, bekam Vorschläge zugeschickt, sichtete Wortlisten, blätterte Wörterbücher durch. Eine Lawine aus Wörtern drohte mich zu überrollen, Anflüge von Leusorg setzten ein, und das Aussortieren begann.

Zuallererst mussten natürlich all die – teils bildschönen – Begriffe weichen, die sich problemlos durch ein hochdeutsches Wort ersetzen lassen. So klangvoll *Plüschmors* und *Breschtlingssälz, Oachkatzlschwoaf* und *Chuchichäschtli* auch daherkommen: Hummeln, Erdbeermarmelade, Eichhörnchenschwänze und Küchenschränke gibt es nun mal auch auf Hochdeutsch. Genau wie *Karfiol, Kukuruz* und *Paradeiser* schlicht Austriazismen für Blumenkohl, Mais und Tomaten sind (die ob ihrer Schönheit eine gesamtdeutsche Verbreitung verdient hätten). Weggefallen sind auch die vielen wunderbaren Bezeichnungen für landwirtschaftliche Gerätschaften (*Buffsack! Schnäddere! Hüserbalken!*), alte Gebräuche und lokale Leckereien vom Lausitzer *Schleißküchel* bis zum Südtiroler *Schlutzkrapfen*.

Außerdem fehlen die ebenso zahlreichen wie blumigen Begriffe, mit denen wir unsere Nächsten zu schmähen pflegen – schon allein deshalb, weil ihre Vielfalt unüberschaubar ist. Wer könnte sich schon zwischen all den Juwelen des deutschsprachigen Schimpfwortschatzes entscheiden, fantasievollen Beleidigungen wie *Knasterbart* und *Klödderbüttl*, *Schmierlapp* und *Nieselpriem*, *Mömmesfresser* und *Olwernoppel*, *Allmachtsbachl* und *Schnarchzapfen*, *Halbdackel* und *Tüpflischiisser*, *Gifthaferl* und *Zwiderwurzn*, *Aufpudler* und *Tschattere*?

Und dann gibt es natürlich noch die Wörter, die nicht nur unübersetzbar, sondern auch unerklärlich sind. Was den Wiener *Schmäh* wirklich ausmacht, verstehen nur die Wiener – und selbst die sind manchmal *schmähstad,* wenn ihnen der Schmäh ausgeht. Der urfränkische Ausruf »Allmächd!« hat keinen klar definierbaren Inhalt, ebenso wenig wie das schöne Wort *fei,* das einzig dem Zweck dient, süddeutschen Sätzen Glanz und Nachdruck zu verleihen. Die Schweizer Universalvokabeln *gäbig* und *verheben* sind so vielfältig einsetzbar, dass ihr Sinn dem Zugriff Außenstehender entgleitet. Auch die feinen Abstufungen alpenländischer Amouren – von *Gschpusi* und *Gschläik* über das *Matschakerl* und den *Tschamsterer* bis zum *Puderant* – sind ohne eigene empirische Erfahrungen schwer zu klassifizieren.

Weitere Wortkandidaten, die in der Endauswahl weggefallen sind, seien hier wenigstens kurz gewürdigt: das österreichische *Gfrett* (eine fummelige, nervige Aufgabe), die fränkische *Sitzweil* (vergnügliches Herumsitzen), das lippische *Mülmern* (Staub aufwirbeln), der alkoholisiert am Steuer sitzende Schweizer *Blaufahrer* und der fiese Hamburger *Mitschnacker,* der Kinder mittels freundlicher Worte »mit sich schnackt«, heutzutage eher im Internet als auf dem Spielplatz. Nominiert waren auch der steirische *Dattara* (ein gebrechlicher, tatteriger alter Mann), das praktische Wort *heuer* (das im Alpenraum »dieses Jahr« bedeutet), das Südtiroler Verb *tschinggelen* (angebrannt riechen), die bairische Metapher *derlechert,* »zerlöchert«, für »extrem durstig« und die poetische fränkische Zeitangabe *zwischenlichten,* in der Abenddämmerung.

Dieses Buch enthält also nur ein kleines, überaus subjektives und unsystematisches (aber immerhin geografisch einigermaßen breit gestreutes) Sammelsurium von gut fünfzig Wörtern.

Diese Auswahl ist naturgemäß lückenhaft; vor allem aber ist sie unwissenschaftlich. Dies ist kein Wörterbuch. Unsere sogenannten großlandschaftlichen Dialektwörterbücher sind ehrfurchtgebietende, über Jahre oder gar Jahrhunderte hinweg erarbeitete wissenschaftliche Sammlungen des deutschen Sprachschatzes, staunenswerte Zeugnisse von Fachwissen und Fleiß. Dialektforscherinnen und -forscher haben Tausende von Menschen befragt, Tonaufnahmen und Karteikarten gesammelt, Wortlisten erstellt, Karten gezeichnet (wer sich näher damit befassen will, findet im Anhang eine kleine Bibliografie). Ungefähr drei Dutzend mehrbändige Nachschlagewerke, vom *Badischen* bis zum *Westfälischen Wörterbuch,* verzeichnen den Wortschatz einzelner Gebiete, Sprachatlanten illustrieren Sprachgrenzen und Verbreitungsgebiete: Wo verläuft die Grenze zwischen »das« und *dat,* zwischen »Apfel« und *Appel*? Wo heißt die Karotte »Möhre«, wo »Gelbe Rübe«? Das erstaunlichste Beispiel für solche regionalen Varianten dürfte das kleine Küchenmesser sein – nach einer Bestandsaufnahme der ZEIT trägt es um die hundert verschiedene Lokalnamen, darunter Wortschätze wie *Schlawitzerchen, Froschgieke, Hümmelchen, Grottschnapper* und *Schneidteufel*.

Womit wir bei einem weiteren Thema wären: den lokalen Aussprachevarianten und Schreibweisen. Heißt es *Schneidteufel* oder *Schneiddaifala*? Sagt man *Döntjes* oder *Dönekes, Hornske* oder *Hornzsche, Dämmse* oder *Demsche*? Schreibt man *Blötsch* oder *Plötsch, Geheischnis, Gehäugnis* oder *Jehöschness*? Im Folgenden wird im Zweifelsfall die Schreibweise der großen Dialektwörterbücher verwendet, bei Wörtern, die dort nicht verzeichnet sind, die leserlichste Variante. Hier gibt es oft kein klares Richtig oder Falsch – ich bitte um orthografische und lexikalische Toleranz. Auch die Angaben zur Herkunft der einzelnen Begriffe sind angesichts unserer unendlich vielfältigen Sprachlandschaft nur als ungefähre Hinweise zu verstehen, nicht als empirisch ermittelte Verbreitungsgebiete.

Die Dialekte, Lokalsprachen und Herkunftsregionen sind umgangssprachlich, nicht wissenschaftlich benannt, also »Vorarlbergerisch« statt Niederalemannisch oder gar Westoberdeutsch, »Kölsch« statt Ripuarisch und »Saarländisch« statt Rhein- oder Moselfränkisch. Der riesige bairische (mit zwei i!) Sprachraum umfasst Bayern und fast ganz Österreich, deshalb sind bairische Wörter nach ihrer Herkunft als »Bayerisch« und/oder »Österreichisch« aufgeführt.

Wer genau hinliest, wird außerdem merken, dass keine Berliner Ausdrücke vorkommen – das liegt schlicht daran, dass Berlin als Hauptstadt so lange stil- und sprachprägend war, dass uns das dortige Vokabular von *Bammel* bis *Bulette,* von *dufte* bis *knorke,* von *mittenmang* bis *jottwede* vertraut ist.

Damit genug der Vor-Wörter. Ich hoffe, dass dieses Buch der einen oder dem anderen ein charmantes oder boshaftes, witziges oder nützliches Wort zur Erweiterung des eigenen Wortschatzes liefern wird. Dass es den vom Aussterben bedrohten Dialekten ein wenig Auftrieb gibt. Und dass all diejenigen, die ihr Lieblingswort nicht finden, sich von anderen Begriffen trösten lassen.

Tschüs, ade, pfiat euch, tschau,
Sofia Blind

PS: Und was ist mit den *Fisimatenten*? Kein anderes Wort wurde so häufig vorgeschlagen, stets mit der – vermutlich falschen – Erklärung, es leite sich vom »*Visitez ma tente*« der französischen Soldaten ab, einem anzüglichen »Wollen Sie mein Zelt besichtigen?«, weshalb den Mädchen zu Hause aufgetragen worden sei, »keine Fisimatenten« zu machen. Die Fisimatenten tauchten auf plattdeutschen und thüringischen Wörterlisten auf. Sie wurden mir aus Dresden als Sächsisch, aus Karlsruhe als Badisch und aus Düsseldorf als Rheinisch gemeldet. Und sämtliche Fisimatenten-Fans waren der festen Überzeugung, diesen Ausdruck gäbe es ausschließlich bei ihnen in der Gegend. Das Gegenteil scheint der Fall zu sein: Man kennt ihn (fast) überall.

Adabei

SUBSTANTIV, MÄNNLICH, ÖSTERREICHISCH UND BAYERISCH

*Bei gesellschaftlichen Anlässen
stets anzutreffender Mensch*

In München sind sie fester Bestandteil des Bussi-Bussi-Biotops: die *Adabeis*, die immer und überall – gerne auch uneingeladen – auftauchen, weil sie »auch dabei« sein wollen. Spätestens seit der legendären Fernsehserie *Kir Royal* gehört der Adabei zum Münchner Vokabular und Society-Leben – ein B-, C- oder Gar-nicht-Promi, der sich mit Hingabe dem eigenen Aussehen und Ausgehen widmet und auf eine Erwähnung in den Klatschspalten hofft. Erfunden wurde dieses gemeine Wort allerdings in Österreich: »Ohne Herrn Adabei kann und darf in Wien nichts geschehen«, schrieb Adolph Wimmer schon 1892 in *Wien und die Wiener*. Auch die *Schickeria*, der Lebensraum des Adabeis, dürfte eine österreichische Wortschöpfung sein: Angeblich erfand der in Österreich geborene Schriftsteller Gregor von Rezzori das Wort 1963 für seinen *Idiotenführer durch die deutsche Gesellschaft*.

Aminaschlupferle

SUBSTANTIV, NEUTRUM, ALLGÄUERISCH

Kleines Kind, das gerne kuschelt

Dass dieser Begriff auf der dritten Silbe betont werden muss, leuchtet unmittelbar ein, wenn man ihn wörtlich übersetzt: Das *Aminaschlupferle* ist ein »An-mich-heran-Schlüpferchen«, ein kleines Kind, das Körperkontakt sucht und liebt. Sich oft und gern an Papa oder Mama kuschelt. Beim Essen am liebsten auf dem Schoß sitzt. Sich auf den Schultern, huckepack oder auf der Hüfte herumtragen lässt. Nachts heimlich ins elterliche Bett geschlichen kommt. Lieblingsbeschäftigung aller Aminaschlupferle ist das Sich-vorlesen-Lassen. Zutaten: ein Stapel Bilderbücher plus Sofa plus Wolldecke (oder Hängematte oder Bett oder Liegestuhl – Hauptsache, gemütlich aneinandergekuschelt). Und dann vorlesen, bis die Zunge stolpert! Diese Phase ist nämlich endlich. Hastdunichtgesehen wächst aus dem Aminaschlupferle ein jugendliches Wesen heran, das jeden Körperkontakt so sorgsam meidet, als hätten die Eltern die Pest.

Anscheuseln

VERB, OBERLAUSITZER MUNDART

*Sich besonders scheußlich anziehen
(auch zu Karneval, Fastnacht oder Fasching)*

»Alle glücklichen Familien ähneln einander«, schrieb schon Leo Tolstoi in *Anna Karenina*. Das Gleiche gilt für gut gekleidete Menschen: Sie tragen edle Materialien, schlichte Schnitte, gute Schuhe. Fürs *Anscheuseln* gibt es dagegen (wie für unglückliche Familien) vielfältige Möglichkeiten; scheußlich kleidet sich jede(r) auf eigene Weise. Männern seien Sandalen mit – am besten weißen – Socken, kurzärmelige Hemden, lustige Krawatten oder auf Halbmast hängende Hosen mit hervorblitzender Unterhose empfohlen. Frauen können sich mit extrem weiter Kleidung (Modell Kartoffelsack) oder Knallengem (Modell Wurstpelle, siehe *spack*) anscheuseln; Glitzerapplikationen und wagemutige Muster- und Farbmischungen sind ebenfalls hilfreich. Jogginganzüge und Trucker-Caps taugen für beide Geschlechter. Weitere Tipps zum Anscheuseln liefern Klatschspalten und Haute-Couture-Modenschauen. Und wer sie befolgt, hat gute Chancen, auszusehen wie das, was in der Wetterau *Scheußel* heißt: eine Vogelscheuche.

Blötsch

SUBSTANTIV, MÄNNLICH, RHEINISCH

*Noch nicht faulige Druckstelle an Obst
oder Gemüse, kleine Delle am Auto*

Im Supermarkt gibt es nur makellose Äpfel – die mit *Blötsch* werden aussortiert und lassen die riesigen Berge weggeschmissener Lebensmittel weiter anwachsen. Wer aber schon einmal Äpfel unter einem Baum aufgesammelt hat, weiß, dass es drei Kategorien gibt: äußerlich unverletzte, die noch eine Weile halten, bereits angefaulte, die am besten sofort mit Schwung in einen – aus sportlichen Gründen nicht zu nah und nicht zu weit entfernt stehenden – Eimer geworfen werden sollten, und, na ja, die mit Blötsch. Verblötschte Äpfel verwandeln sich ruckzuck in faulige, wenn man sie nicht in Windeseile – nach Herausschneiden des Blötschs – verarbeitet und aufisst, am besten in Form von Apfelkuchen, Apfelwähe oder Apfelstrudel. Schon aus diesem Grund sind sie unverblötschten Äpfeln aus dem Supermarkt eindeutig vorzuziehen.

Blomenkieker

SUBSTANTIV, MÄNNLICH, SCHLESWIG-HOLSTEINISCH

Langsam fahrender Tourist

So langsam dahinzockeln, dass man vom Autofenster aus die Blumen – und alles andere Sehenswerte – am Straßenrand betrachten kann? Das machen nur Touristen. Auch wenn solche Leute den eiligen Einheimischen in Norddeutschland damit gehörig auf den Wecker gehen, haben sie dort einen geradezu liebevollen Spitznamen bekommen: *Blomenkieker*. Anders als Sonntagsfahrer, die eigentlich nur einmal pro Woche unterwegs sein dürften, zockeln sie tagein, tagaus über die Landstraßen, am liebsten mit dem Wohnmobil. Sie gucken, gemächlich und gelassen. Und wenn ihnen die steigenden Benzinpreise nicht vorher den Garaus gemacht haben, werden die Blomenkieker vielleicht eines Tages entdecken, dass man Blumen am allerbesten begucken kann, wenn man nicht mit dem Auto durch die Gegend fährt, sondern mit dem Fahrrad – oder von vornherein zu Fuß geht …

Böffchen

SUBSTANTIV, NEUTRUM, THÜRINGISCH

In kleine Karos geschnittene belegte Brote

»Mag ich nicht«, mault das Kind, bevor es das Essen auch nur probiert hat. Was tun? Unterwürfig extra »Kinderessen« wie Spaghetti oder Hähnchen-Nuggets zubereiten? Oder lieber eine Regel aufstellen – »Probiert wird alles, notfalls darf es wieder ausgespuckt werden«? Falls Letzteres tatsächlich vorkommen sollte (und nicht nur dann), gibt es eine gute Alternative: Das Kind kriegt *Böffchen,* quasi Kinder-Kanapees. Kalte Stullen gehen interessanterweise weg wie warme Semmeln, wenn sie in schokoladenstückähnliche Bröckchen geschnitten und hübsch angerichtet werden. Schinken oder Käse, harte Eier oder Tomaten, Schokomus oder Marmelade: Hauptsache, klein und bunt. Wenn rohe Paprika, Gurken, Kohlrabi oder Möhren zu Mustern oder Gesichtern gelegt werden, kommt sogar Gemüse gut an. Früher bekamen auch zahnlose Alte Böffchen zu essen – dank der Künste der Implantologie ist das aber nur noch selten nötig.

Boofen
VERB, SÄCHSISCH

Unter freiem Himmel schlafen

Im sächsischen Elbsandsteingebirge hat das *Boofen* eine lange Tradition: Man rollt unter einer Felswand oder in einer Höhle den Schlafsack aus und verbringt die Nacht im Freien. Vor einer Klettertour, nach dem Wandern oder einfach so. Inzwischen ist das Boofen dort streng geregelt: nur an markierten Stellen, kein Feuer und natürlich ohne Müll. Und anderswo? Das kommt darauf an. In manchen Bundesländern und Kantonen wird das Schlafen im Freien unter Umständen geduldet, anderswo ist es wie wildes Zelten strengstens verboten – in Naturschutzgebieten und Nationalparks praktisch immer. Wer sichergehen will, fragt vorher die Grundstücksbesitzer. Draußen schlafen kann man aber auch im Garten, auf dem Balkon oder auf einem Flachdach. Das empfiehlt sich insbesondere, wenn eine *Dämmse* – »dämpfig« schwüle Hitze – herrscht wie im Sommer 2018: Ist es drinnen heiß und stickig, booft es sich unter den Sternen am besten.

Bruddeln

VERB, BADISCH UND SCHWÄBISCH

Leise vor sich hin schimpfen

Das *Bruddeln* ist dem Schmollen verwandt: Wir bruddeln, wenn wir unseren Willen nicht durchsetzen konnten, wenn wir uns übergangen fühlen oder wenn wir ganz generell unzufrieden sind mit dem Gang der Dinge. Anders als das Schmollen ist das Bruddeln allerdings nicht lautlose, sondern halblaut »brodelnde« Auflehnung, gern unverständlich gemurmelt. Der Vater bruddelt, wenn der Familienrat für Strandurlaub gestimmt hat statt für seine geliebten Berge; das Kind bruddelt, wenn es die doofe Regenjacke anziehen soll, obwohl es fast gar nicht regnet. Bruddeln ist, anders als das Schimpfen, Zetern oder Keifen, nicht auf Kommunikation ausgerichtet, nicht auf Verstandenwerden. Es ist ein einsamer Vorgang, ein leises Sich-Luft-Machen gegen die Widrigkeiten, die einem von der Welt und anderen Menschen zugemutet werden. Zu den Meistern des Bruddelns gehören kleine Kinder, aber auch ältere Herren, die *Grantlhuber*. Und um festzustellen, ob es sich bei einer Wortäußerung um Gebruddel handelt oder nicht, genügt eine schlichte Testfrage: »Was hast du gesagt?« Bei echtem Bruddeln lautet die Antwort: »Nichts.«

Chröömle

VERB, ZÜRICHDEUTSCH

*Etwas Kleines für wenig Geld kaufen,
z. B. am Kiosk*

Zitronengelb, himbeerrosa, orange, waldmeistergrün oder colabraun: Brausestangen gab es zu zwei Pfennig das Stück. Steinharte Goggi-Fröschli für fünf Rappen. Seidenzuckerln um einen Schilling. Ob in Deutschland, in der Schweiz oder in Österreich: Als Kinder haben wir wohl fast alle unser Taschengeld für Süßkram ausgegeben. Aber nur die Schweizer haben dafür ein eigenes Verb: *chröömle*. »Krämern« können die Kinder auch heute noch, jedenfalls dann, wenn sie ihren Schulweg zu Fuß zurücklegen dürfen: Eine statistisch überaus unrepräsentative Stichprobe ergab, dass im Sommer 2018 beim Bäcker im Westerwald einzelne Brause-Kaubonbons für drei Cent und Kaugummis für zehn Cent zu haben waren. Auch das Schweizer Goggi-Fröschli, ein froschförmiges Bonbon mit Cola-Geschmack, gibt es noch. Allerdings hat es Karriere gemacht: Inzwischen trägt es den offiziellen Titel »Kulinarisches Erbe der Schweiz« und kostet am Kiosk taschengeldunfreundliche zwanzig Rappen.

Doadeln

VERB, BAYERISCH

Dem Tode nahe sein

Bemerkenswerterweise fallen die Wörter »Tod« oder »tot« in Zusammenhang mit dem Sterben relativ selten; in Todes-, nein!, Traueranzeigen kommen sie praktisch nicht vor.* Diskret ist vom »Abschiednehmen« die Rede, vom »Entschlafen«, vom »Gehen«: Der Vater ist von uns gegangen, ein erfülltes Leben ging zu Ende, die geliebte Großmutter ist heimgegangen. Im bairischen Sprachraum ist man da weniger skrupulös. Wenn ein Mensch schon mit einem Bein im Grab steht, heißt es, er oder sie *doadelt* (und ein besonders kränkliches Kind nennt man in Österreich gemeinerweise *Krepierl,* das darf man wirklich nur ganz, ganz leise schreiben …).
Es »totelt« aber auch an Orten, aus denen (fast) alles Leben gewichen ist: auf Rügen im Winter, in spanischen Restaurants vor zehn Uhr abends, in Museen am Montag. Und natürlich in Thomas Manns *Zauberberg:* Seine lungenkranken Romanfiguren führen aufs Eleganteste vor, wie es sich stilvoll doadelt.

* In 62 durchgesehenen Traueranzeigen der *FAZ* vom Oktober 2018 nur vier Mal.

Dönekes

SUBSTANTIV, PLURALWORT, WESTFÄLISCH

Unterhaltsame wahre Geschichten

»Und da sagt doch die Oma zu dem Punker: ›Is dat nit unpraktisch mit die jrüne Haare? Dat muss man doch immer nachfärben!‹« Es gibt Leute, denen laufen Geschichten zu, sobald sie vor die Tür gehen, wie anderen herrenlose Katzen. Ihre besten *Dönekes* lassen sie dann am Familientisch, auf Partys oder in der Kneipe vor einem – hoffentlich – dankbaren Publikum »ertönen« (daher stammt wohl das Wort) und verfeinern sie bei jeder Erzählrunde. Wir lieben Geschichten. Deshalb werden Anekdoten in Familien weitervererbt. Deshalb, so die Narrative Psychologie, deuten wir unser eigenes Leben als – wahlweise heldenhafte oder lustige, glückliche oder tragische – Geschichte. Deshalb gibt es Management-Seminare über »Storytelling«. Deshalb drucken Zeitungen lieber die Geschichte vom geretteten Erdbebenopfer als die Analyse des Erdbebenwarnsystems. Und bis heute gilt für alle Dönekes Giordano Brunos Devise von 1585: »Wenn es nicht wahr ist, ist es doch gut erfunden.«

Dramhappert

ADJEKTIV, BAYERISCH

Halb im Traum

Wo waren Sie letzte Nacht? Als Adler über dem Großglockner? In einer Hängematte unter Palmen? Noch einmal im Mathe-Abi? Wenn Sie nicht mehr wissen, was Sie geträumt haben, konnten Sie wahrscheinlich nicht *ausbochen*. Das bedeutet nicht etwa, besonders lang zu schlafen, sondern langsam und in aller Ruhe zu erwachen: die Träume allmählich »ausbacken« zu lassen und den *dramhapperten*, »traumhäuptig«-vernebelten Zustand zwischen Schlafen und Wachen, Traum und Wirklichkeit zu genießen. »Hypnagoge Halluzinationen« nennt die Psychologie die Bilder und Gedanken, die uns dabei durch den Kopf gehen. Salvador Dalí beschreibt in seinem Buch *50 magische Geheimnisse,* wie man sie festhalten und nutzen kann: Man hält beim Einschlafen einen Schlüssel über einen Porzellanteller – sobald er klirrend herunterfällt, ist man wieder wach und hat (im Idealfall) den dramhapperten Geistesblitz noch im Kopf.

Drömeln

VERB, WESTFÄLISCH

Verträumt herumtrödeln

»1839 war es elegant, beim Promenieren eine Schildkröte mit sich zu führen. Das gibt einen Begriff vom Tempo des Flanierens in den Passagen«, schrieb Walter Benjamin in seinem *Passagen-Werk*. Heute geht alles schneller, und englische Fremdwörter haben ihre französischen Vorgänger ersetzt: Shoppingcenter statt Passage, Joggen statt Promenieren, Speeddating statt Rendezvous, Jetset statt Privatiers. Der Soziologe Hartmut Rosa sieht die Beschleunigung als zentralen Prozess der Gegenwart – obwohl alles zügiger geht als früher, haben wir paradoxerweise immer weniger Zeit. Neuerdings gibt es aber wieder Menschen, die lieber *drömeln* als hetzen: Dinge entspannt und langsam tun, ziellos und verträumt herumschlendern, Slow Food zelebrieren statt Fast Food herunterschlingen. Ein halbes Dutzend neue Bücher trägt das Wort »Entschleunigung« im Titel. In den Städten flaniert eine neue Sorte Dandys. Und vielleicht kommt ja auch die Schildkröte wieder in Mode.

Fisseln & Uselig

VERB, WESTFÄLISCH   ADJEKTIV, RHEINISCH

Ganz leicht regnen   *Ungemütlich nasskalt*

Eine Woche. Zwei Wochen. Drei Wochen. Es gibt Zeiten, gerne im Februar, im April oder im November, da wird es an Rhein und Ruhr wochenlang nie ganz trocken. Richtigen Regen gibt es aber auch nicht: Der Niederschlag hängt zäh in der Luft, zu wenig für einen Schirm, aber wässrig genug, um die Hosenbeine zu durchfeuchten. Dicker als Nebel, dünner als Nieselregen. Dieses spezifische Rhein-Ruhr-Wetter nennt man *fisseln:* Feuchtigkeit, die dünn und dürftig herunterperlt wie »fisselige« Fädchen. Und wenn es fisselt, wird es draußen *uselig* (was sich auf »dusselig« reimt): nasskalt und klamm, ungemütlich und ganz wörtlich aschgrau – *usel* ist das mittelhochdeutsche Wort für »Asche«. Das richtige Wetter, um sich mit Buch, Tee und Wolldecke auf dem Sofa einzurichten. Oder sich – mindestens ebenso herzerwärmend – in einer Kneipe mit einem frisch gezapften Kölsch oder Alt zu trösten.

Fluchtachterl

SUBSTANTIV, NEUTRUM, WIENERISCH

Das letzte Glas Wein vor dem Aufbrechen

Eigentlich wollten wir längst auf dem Heimweg sein. Es sollte doch nicht wieder so spät werden wie beim letzten Mal. Morgen müssen wir früh aufstehen. Aber es sitzt sich gerade so gemütlich. Also noch ein letztes Gläschen Wein. Wirklich das allerletzte. Und nur ein ganz kleines, ein Achtelliterchen: Das ist das *Fluchtachterl,* eine spezifisch wienerische Form des Absackers, mit dem man sich (hoffentlich) endgültig vom Heurigen, von den Freunden oder aus dem Lokal verabschiedet. Das Problem des Sich-nicht-losreißen-Könnens gibt es nicht nur in Österreich: In manchen Hamburger Kneipen bekommen die Gäste vor dem Schließen noch ein letztes *Aufundzu* eingeschenkt – ein klitzekleines Bierchen, für das der Zapfhahn nur einmal ganz kurz auf- und wieder zugedreht wird. Und damit ist für alle, die das unzivilisierte Herumtragen von »Wegbier« in der Flasche ablehnen, auch wirklich Schluss.

Fringsen & Lappöhrchen

VERB, KÖLSCH   SUBSTANTIV, NEUTRUM, KÖLSCH

Lebensmittel oder   *Kleiner schwarzer*
Kohlen klauen   *Nebenjob*

Der Kölner an sich hat ein eher entspanntes Verhältnis zu Recht und Gesetz. Schon 1946 gestattete Josef Kardinal Frings in seiner ersten Nachkriegs-Silvesterpredigt seiner Gemeinde »in der Not« Mundraub und Kohlenklau – seither hat sich in Köln für solche Kleindiebstähle das Verb *fringsen* eingebürgert. Ein ähnlich charmanter Euphemismus für illegales Tun ist das *Lappöhrchen,* dessen Herkunft umstritten ist: Entweder stammt es von den wie »(Sch)lappöhrchen« aussehenden Lederflicken ab, mit denen Kölner Schuhmacher kleinere Flickarbeiten erledigten. Oder es ist eine Verkleinerungsform des lateinischen Worts für »Arbeit«, *labor,* müsste also eigentlich »Labörchen« geschrieben werden. Allerdings geht es nicht um irgendeine kleine Arbeit, sondern um einen schwarzen Nebenjob. Der klingt gleich viel harmloser, wenn man ihm diesen netten Spitznamen gibt, statt ihn – wie die charmeresistente Obrigkeit – »Schwarzarbeit«, »Steuerhinterziehung«, »Nichtabführung von Sozialversicherungsbeiträgen« oder »Sozialleistungsbetrug« zu nennen.

Gasseglänzer

SUBSTANTIV, MÄNNLICH, HESSISCH

Blender, der sich gerne anderen zeigt

Draußen hui, drinnen pfui: »Auf der Gass«, also auf der Straße, führt der *Gasseglänzer* gern seine prächtige Fassade vor, im eigenen Heim nicht unbedingt. Schon 1917 verhöhnte man im Rheingau Leute, die vor Publikum etwas hermachen wollten, zu Hause aber eher schlampig herumliefen, mit dem Spruch »Gasseglänzer – Hausschlumpe!«. Hundert Jahre später flaniert in bestimmten Vierteln unserer Großstädte eine neue Variante dieses Typs: junge Männer, gerne in Rudeln unterwegs, die sich den Passanten im vollen Glanze ihrer Pracht präsentieren. Es ist sogar eine spezialisierte Zulieferindustrie entstanden, die diese Gasseglänzer mit passenden Hochglanz-Accessoires versorgt: vergoldeten Halsketten, verspiegelten Sonnenbrillen, schimmerndem Haargel, glänzenden Lederjacken und – ganz wichtig – spiegelblank polierten Mobiltelefonen.

Geheischnis

SUBSTANTIV, NEUTRUM, SAARLÄNDISCH

*Etwas, das ein Gefühl
von Geborgenheit hervorruft*

Ein Dufthauch reicht manchmal aus. Der Geruch einer Tube Sonnencreme, frisch aufgeschraubt, eine seit Ewigkeiten nicht mehr gekaufte Sorte. Und plötzlich steigt ein unendlich langer Kindheitssommer vor dem inneren Auge empor, und ein warmer Hauch von Zuhause legt sich ums Herz. *Geheischnis* nennt man das im Saarland: ein Ort, ein Gegenstand oder ein Mensch, der uns Geborgenheit vermittelt. »Mein Kater ist mir ein echtes Geheischnis«, schwärmt eine Saarländerin. »Ich finde hier einfach kein Geheischnis«, klagt ein anderer. (Dann bekommt er prompt die *Flemm*, wird schwermütig und antriebslos und muss dringend *gehämelt*, also verhätschelt und getröstet werden.) Geheischnis leitet sich vom mittelhochdeutschen *heien*, »hegen«, ab – es ist also etymologisch mit dem »heia« der Babysprache verwandt. Und es ist ein wunderbares Wort für das, was in unserem Zeitalter der Umzüge und Ortswechsel ein Gefühl von Zuhause vermitteln kann: nicht Elternhaus, Heimatdorf oder Vaterland, sondern etwas ganz anderes, Eigenes, Persönliches.

Glump

SUBSTANTIV, NEUTRUM, SCHWEIZERDEUTSCH UND SCHWÄBISCH

Produkt von liederlicher Machart

Das nagelneue Seidenkleid hat sich bei der ersten Wäsche komplett entfärbt? Indisches *Glump*. Das Autoradio spinnt schon wieder? Chinesisches Glump. Das Getriebe des Kastenwagens ist schon nach hunderttausend Kilometern im Eimer? Französisches Glump. Der verzinkte Landhaus-Wasserhahn tropft? Englisches Glump. Das Sandalettenriemchen reißt bei der allerersten Party? Italienisches Glump. Klare Sache – ausländisches »Gelumpe« halt. An der Waschtemperatur, dem selbstgefummelten Einbau, der Fahrweise, dem Klempner oder dem wackeligen Herumgestakse kann es nicht gelegen haben. Im schweizerisch-schwäbischen Qualitätsverständnis ist das Misstrauen gegen die Produkte anderer Länder ebenso tief verwurzelt wie der Glaube an die Überlegenheit der eigenen Erzeugnisse: der noblen Kraftfahrzeuge, hochwertigen Kleidungsstücke, soliden Maschinen. Schwäbisches oder gar Schweizer Glump? Das kann es gar nicht geben.

Gschaftlhuber

SUBSTANTIV, MÄNNLICH, BAYERISCH

Mensch, der ständig geschäftig tut

Der *Gschaftlhuber* ist die Seele des Unternehmens, der Familie oder des Vereins – jedenfalls glaubt er das. Schließlich schafft er von früh bis spät, kennt alle und ist überall dabei! Auf die Bedeutung seines Tuns weist er oft und gern hin, und anders als sein Verwandter, der bloße Wichtigtuer, arbeitet er tatsächlich mit großem Eifer. Dabei bleibt allerdings oft unklar, welchem Zweck das Geschaffe, um das er so viel Wind entfacht, genau dient. Insofern macht sich der Gschaftlhuber bei seinen Mitmenschen nicht sonderlich beliebt; so unentbehrlich er sich und sein Tun auch finden mag, bleibt ihm eine große Karriere doch oft verwehrt. Eines sollte man dem Gschaftlhuber allerdings zugutehalten: In der Regel ist er ein deutlich angenehmerer Mitarbeiter, Nachbar oder Partner als sein Vetter, der ewig übellaunige *Grantlhuber*.

Gumpen

SUBSTANTIV, MÄNNLICH, SÜDDEUTSCH/ÖSTERREICHISCH/SCHWEIZERDEUTSCH

Tiefe Stelle in einem Bach

Abgelegener als jedes Schwimmbad. Kleiner als jeder See. Glatter (und süßer) als das Meer. *Gumpen* – Mulden, in denen Bäche sich zu kleinen Becken stauen – sind außergewöhnliche Badestellen, an denen es sich, wie das altehrwürdige *Badische Wörterbuch* schreibt, »trefflich patschen, herumwirbeln und tollen« lässt. Im Gumpen – oder schweizerisch: »in der Gumpe« – geht es nicht ums Schwimmen, sondern um den Spaß am Herumplanschen, Hinaufklettern, Hineinspringen (genau das bedeutet nämlich das mittelhochdeutsche Verb *gumpen,* ein Urahn des englischen *jump*). Aber erst einmal muss man die Gumpen finden: beim Wandern die Augen offen halten, Schluchten hinaufklettern, Einheimische fragen. In Portugal, Spanien oder auf Korsika können scheinbar unmotiviert an einer Bergstraße geparkte Autos ein Indiz dafür sein, dass der Trampelpfad jenseits der Leitplanke zu einer erfrischenden *laguna, poza* oder *vasque naturelle* hinunterführt. Wer *Gumpenpritschler* werden will, sollte also immer Badezeug und wenigstens ein klitzekleines Handtuch dabeihaben. Nur zur Sicherheit.

Heimlifeiss & Spienzle

ADJEKTIV, BERNDEUTSCH   VERB, BERNDEUTSCH

Im Geheimen reich oder schlau   *Etwas scheinbar unabsichtlich vorzeigen*

Sie sind das reichste Volk der Welt: Jede Schweizerin und jeder Schweizer besitzt rechnerisch über 500 000 Dollar, satte elf Prozent sind Millionäre.* Trotzdem sieht man in der Schweiz weder vergoldete Gartentore noch marmorverkleidete Villen. Alles ist gediegen, blitzsauber und vor allem: diskret. *Heimlifeiss* halt. »Heimlich feist« heißt, man ist reich, aber auch schlau genug, um (ganz im Gegensatz zum *Gasseglänzer*) nach außen nicht zu zeigen, was man hat. Man wohnt in einem bescheidenen Altbau, trägt den Pelz nach innen und lässt (so wird gemunkelt) ein Typenschild mit kleinerer Zahl auf dem 500er-Mercedes anbringen. Wenn in der Schweiz jemand – ganz selten einmal – doch herzeigt, was er oder sie hat, muss dieses *Spienzle* so wirken, als hätte der Porscheschlüssel, die Luxusuhr, das Chalet-Foto nur aus Versehen hervorgeblitzt. Angeben ist dort nämlich verboten.

* Quelle: Credit Suisse, *Global Wealth Report 2018*, Seite 45. Selbstbewohnte Immobilien sind nicht mitgerechnet.

Herräumen

VERB, SCHWÄBISCH

Unordnung produzieren

Ganz zu Unrecht steht das *Herräumen* in einem viel schlechteren Ruf als sein Gegenteil, das Aufräumen. »Hast du wieder den ganzen Nachmittag bloß hergeräumt?«, schimpft die schwäbische Mutter – dabei hat ihr Kind selige Stunden damit verbracht, sein Zimmer in eine Zauberwelt aus Räuberhöhlen und Traumschlössern, Eisenbahnstrecken und Zoogehegen zu verwandeln. Übrigens handelt es sich um ein intransitives Verb: Herräumen ist eine Freizeitbeschäftigung wie Wandern oder Radfahren, eine ebenso lustvolle wie schöpferische Tätigkeit. Aus sterilen Büroräumen und durchgestylten Wohnzimmern macht es lebendige, überraschende, inspirierende Landschaften der Kreativität. Es ist höchste Zeit, dass dieses Wort – und die zugehörige Tätigkeit – zu den verdienten Ehren kommt.

Herumbubeln

VERB, SCHWÄBISCH

Körperliches Interagieren bei Jungs

Was ist mit unseren Jungs los? Begabte Mädchen, schwierige Jungs. Arme Jungs. Schlimme Jungs. Nach Buchtiteln zu urteilen sind Jungen ein Problem: schwierig, schlimm, arm. Eines der Hauptthemen ist aus Sicht der Psychologie ihr Bewegungsdrang. Sie wollen, wie Birgit Gegier Steiner in ihrem Buch *Artgerechte Haltung* schreibt, »körperintensiv Kontakt mit ihrem Umfeld aufnehmen und interagieren«, und wenn sie das nicht dürfen, werden sie zerstreut, aggressiv oder verhaltensauffällig. Im Schwäbischen gibt es für das jungentypische Rangeln, Schubsen, Balgen, Rempeln ein freundliches Verb: *herumbubeln*. Buben wollen bubeln, das war wohl schon immer so, und inzwischen wird überlegt, wie sich der Schulalltag entsprechend gestalten lässt: mit mehr Sport, Spiel und Bewegung oder gar der Möglichkeit zum kontrollierten Herumbubeln wie geregelten Ringkämpfen auf dem Schulhof.

Hollerfassli

SUBSTANTIV, NEUTRUM, FRÄNKISCH

Kinderspiel: sich einen Hang hinunterrollen lassen

Norddeutschland ist zu flach, die Alpen sind zu steil – *Hollerfassli* spielt sich besonders gut im fränkischen Hügelland: Das Kind lege sich mit angelegten Armen auf eine abschüssige Wiese und lasse sich seitlich hinunterkollern (Erwachsene dürfen das natürlich auch; in jedem Fall empfiehlt sich eine Vorabprüfung auf Maulwurfs- oder Hundehaufen). Falls keine passende Wiese zur Hand sein sollte, gibt es noch das fränkische Spiel *Wäbbeln:* Alle werfen reihum Münzen vor eine Wand, üblicherweise Zehn-Cent-Stücke; wer mit der eigenen Münze der Wand am nächsten kommt, darf das ganze Geld einsacken. Und diejenigen, denen selbst das noch zu anstrengend ist, können Zungengymnastik betreiben und an dem schönen Wort »Hollerfassli« die Aussprache eines urfränkischen Lautes üben, den nur Muttersprachler beherrschen: das extraorale prälabiale Waffel-L.

Hornske

SUBSTANTIV, WEIBLICH, HALLESCHE MUNDART

Heruntergekommene Wohnung

Repräsentative Residenz, exklusive Einfamilienvilla, traumhafte Terrassenwohnung, stilvolles Stadtpalais: Für Luxusimmobilien gibt es jede Menge maklerdeutsche Lobesvokabeln. Selbst für die baufälligen Bruchbuden am anderen Ende der Preisskala erdenken die Damen und Herren der Immobilienbranche findige Euphemismen – solche Objekte werden dann als »Rohdiamant« oder »Handwerkertraum« verbrämt. Die Hallesche Mundart hat ein richtiges Wort für sie: *Hornske,* abgeleitet vom slawischen *hornica,* »Obergemach«. Vielleicht, weil es in Halle jahrzehntelang besonders viele Hornsken gab? Zu DDR-Zeiten ließ der Staat die riesige, im Krieg kaum zerstörte Altstadt verfallen; wer konnte, zog in die vergleichsweise komfortablen Plattenbauten von Halle-Neustadt. Heute ist es umgekehrt: Halles Jugendstil-Altbauten sind größtenteils prachtvoll restauriert – die Hornsken von heute liegen in den noch unrenovierten Wohnblocks der Neustadt.

Hudeln

VERB, ÖSTERREICHISCH UND SÜDDEUTSCH

Eine Arbeit eilig und deshalb schlecht machen

Sehen Sie das bitte kurz durch? Muss heute noch raus. Wirf da mal einen Blick drauf. Machen wir noch eben. Kriegen Sie das bis morgen hin? Die Satzfetzen, die wir einander bei der Arbeit zuwerfen, sind oft auf Schnelligkeit ausgerichtet, auf eiliges Erledigen mit Blick auf die Uhr. Dabei hat die Psychologie längst erkannt, dass unsere Arbeitszufriedenheit in erster Linie von Flow-Erlebnissen abhängt: Phasen vollkommener Versunkenheit, in denen wir ganz in unserem Tun aufgehen. Eile ist dabei nicht vorgesehen – wer *hudelt,* produziert nicht Flow, sondern *Glump.* Das Gegenteil von Hudeln wird in Japan *kodawari* genannt: obsessiv qualitätsversessene, geduldige Arbeit. Ramen-Köchinnen verbringen Jahre damit, Nudelteig und Knettechniken zu vervollkommnen. Keramikkünstler arbeiten ihr Leben lang auf die eine vollkommene Teeschale hin. Obstbauern hätscheln ihre Netzmelonen monatelang so liebevoll, dass eine perfekte Frucht über hundert Euro kosten kann. Etwas so gut zu machen wie nur irgend möglich ist ein Kernelement der japanischen Vorstellung von Lebenssinn, *ikigai*. Also: Nur nicht hudeln.

Hundsverlochete

SUBSTANTIV, WEIBLICH, BERNDEUTSCH

Wenig lohnende Veranstaltung

Sprache geht seltsame Wege. Auf der Suche nach Erkenntnis nähern wir uns dem springenden Punkt (nach Aristoteles jener pulsierende Fleck im Ei, aus dem ein Lebewesen erwächst). Möglicherweise finden wir unterwegs den Hasen im Pfeffer (anscheinend war man im Mittelalter eher knickerig mit den Fleischbröckchen in der Soße) oder entdecken des Pudels Kern (wie Goethes Faust). Ob springender Pudel, Punkt im Pfeffer oder des Hasen Kern: Ziel der Reise ist der Ort der Erkenntnis. Dort liegt der Hund begraben (warum, weiß niemand so genau*). In der Schweiz dagegen hat die *Hundsverlochete,* das Hundebegräbnis, nichts mit Erkenntnis zu tun – es handelt sich um eine dröge Veranstaltung, die den Besuch nicht lohnt, sozusagen mehr tote Hose als toter Hund. Eine Hundebeerdigung muss aber heutzutage keine Hundsverlochete mehr werden. Dafür sorgen Tierbestattungsunternehmen mit Mahagonisärgen, Marmorgrabsteinen und Schmuckurnen mit 3-D-Pfotenabdruck.

* Möglicherweise bezieht sich die Redensart auf ein Hundegrab aus dem 17. Jahrhundert im thüringischen Winterstein; diese Erklärung ist allerdings umstritten.

Käpsele & Gscheidle

SUBSTANTIVE, NEUTRUM, BADISCH UND SCHWÄBISCH

Besonders begabter Mensch *Mensch, der sich für klüger hält, als er ist*

Ist mein Kind hochbegabt? Diese Frage können besorgte Eltern auf der Internetseite der Zeitschrift *Titanic* per Schnelltest klären: Nach einem Klick auf den Pfeil unter der Frage erhalten sie nach kurzer Bearbeitungszeit die Antwort.* Aber selbst wenn das Kind nicht zu jenen zwei Prozent der Bevölkerung gehört, die einen IQ von 130 oder mehr haben, kann es sein, dass es einfach ein *Käpsele* ist: besonders schnell von Begriff, wissbegierig und intelligent. Vielleicht kommt dieser Begriff von der – pazifismusbedingt aus der Mode gekommenen – *Käpselespistole,* der Spielzeugpistole, weil zündende Ideen wie aus der Pistole geschossen kommen? Oder das Käpsele leitet sich von lateinisch *caput,* »Kopf«, ab. Wie dem auch sei: »Du bist ein echtes Käpsele« ist ein viel schöneres Lob für Kinder und Erwachsene als »hochbegabt«. Wer sich für hochbegabt hält, wird nämlich schnell zum *Gscheidle* – zu einem Menschen, der bei Weitem nicht so gescheit ist, wie er denkt ...

* Sie lautet »NEIN«.

Längizyti

SUBSTANTIV, WEIBLICH, BERNDEUTSCH

Wehmütige Sehnsucht

Die »lange Zeit« der berndeutschen *Längizyti* ist keinesfalls Langeweile, und sie hat auch nichts damit zu tun, dass die Berner für ihr Tun nach Ansicht der übrigen Schweizer manchmal etwas mehr Zeit benötigen als andere. Nein, Längizyti ist ein Gefühl sich dehnender Zeit – Zeit, die einem aus wehmütiger Sehnsucht unerträglich lang wird: »Ich habe grusam Längizyti«, schluchzt die kleine Titelheldin in Jeremias Gotthelfs Erzählung *Das Erdbeeri Mareili,* weil sie die verehrte Freundin einen Winter lang nicht sehen wird. Längizyti ist ein melancholisches Gefühl von Weltschmerz, am ehesten vielleicht mit der portugiesischen *saudade* vergleichbar. Sie kann schlichtes Heimweh sein – Heimweh nach den Eltern, nach Bern, nach Schwimmen in der Aare –, aber umgekehrt auch das Fernweh, das einen in Bern befallen kann: die Sehnsucht nach der großen weiten Welt, dem Abenteuer, der Fremde.

Lätschig

ADJEKTIV, SCHWÄBISCH UND SCHWEIZERDEUTSCH

Nicht mehr knusprig

Knackig, knusprig, kross – Werbesprech-Adjektive für goldbraun Gebackenes, frisch Frittiertes oder schokoladig Süßes gibt es reichlich. Aber wie heißt das Knackigknusprigkrosse, wenn es nicht mehr (oder noch nicht) so appetitlich bissfest ist? Dann nennt man es *lätschig*. In der Koch- und Esspraxis dürfte Lätschigkeit der weitaus häufigere Aggregatzustand sein: Knuspriges behält seine Qualität nur für unerfreulich kurze Zeiträume; mikroskopische Mengen Feuchtigkeit reichen aus, um es zu ruinieren. Nach einem Tag in der Plastiktüte ist ein Baguette so lätschig, dass es sich mit etwas Geschick verknoten lässt. Nachmittags in eine Schüssel gekippte Kartoffelchips werden noch vor Ende der Grillparty lätschig. Aufbackbrötchen sind im Ofen zehn Minuten lang lätschig, danach dreißig Sekunden lang knusprig und dann für immer steinhart. Und wir? Selbst an Tagen, die wir frisch wie der junge Morgen beginnen, fühlen wir uns manchmal schon am späten Vormittag schlicht lätschig.

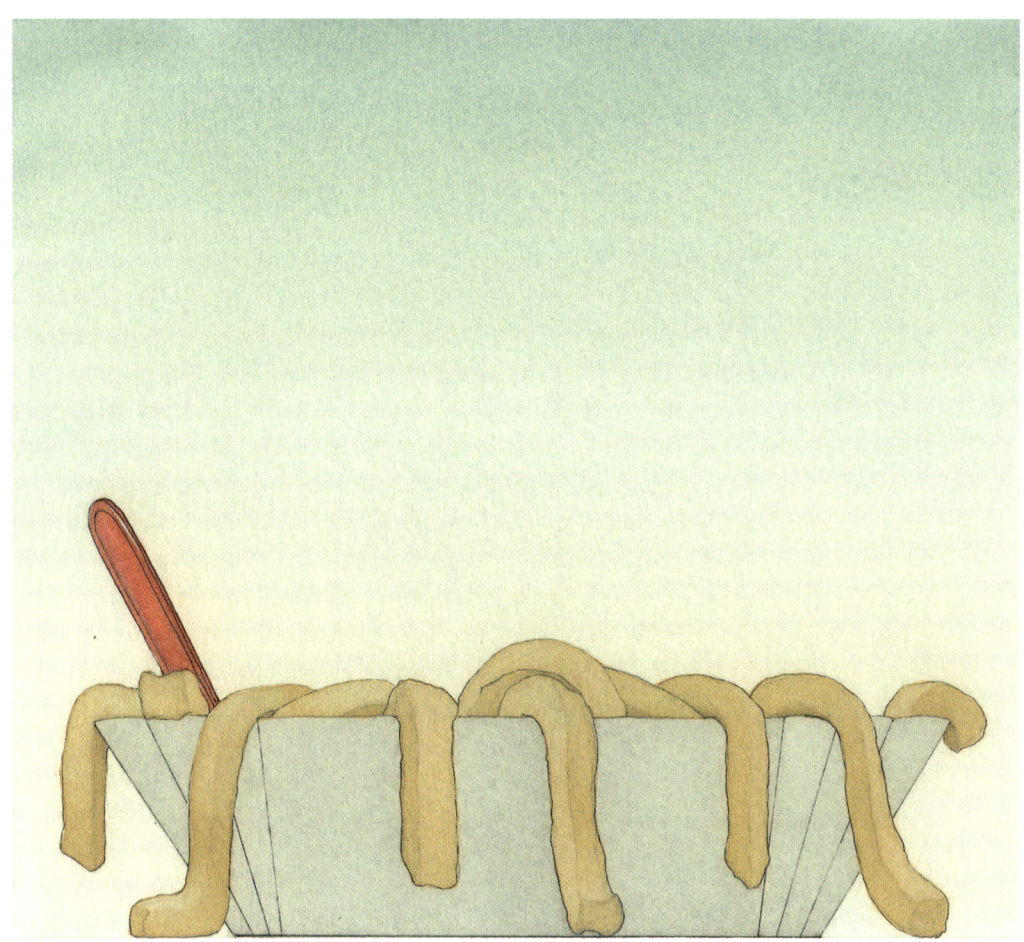

Leiberl

SUBSTANTIV, NEUTRUM, ÖSTERREICHISCH

*Direkt auf dem Oberkörper
getragenes Kleidungsstück*

Im Jahr 1994 ließ der französische Kultusminister Anglizismen kurzerhand verbieten: Das »Gesetz zum Gebrauch der französischen Sprache« schreibt vor, dass im öffentlichen Bereich Fremdwörter durch französische Begriffe ersetzt werden müssen. Auch im Deutschen gibt es schöne Alternativen zu hässlichen Anglizismen: Rechner statt Computer, Bildschirm statt Display, Aussetzer statt Blackout, Handzettel statt Flyer, Abgabetermin statt Deadline. Die regionalen Varianten des Deutschen bieten ebenfalls hübsche Optionen: Small Talk heißt in Norddeutschland *Klönsnack*, der Banker in der Schweiz *Bänkler*. Und in Österreich gibt es das *Leiberl*, ein vielseitiges Ding, das gleich zwei denglische Fliegen – das Top und das T-Shirt – mit einer Klappe schlägt. Als Langarm-, Kurzarm- oder Trägerleiberl, als Sportleiberl oder Unterleiberl bezeichnet es alles, was direkt auf dem Oberkörper getragen wird. Wie schade, dass das hochdeutsche »Leibchen« abseits der Sportplätze ausgestorben ist!

Miendientje

SUBSTANTIV, NEUTRUM, PLATTDEUTSCH

*Stab, der an der Supermarktkasse die Waren
der Kunden voneinander trennt*

Auf ewig ziehen diese länglichen Dinger an der Supermarktkasse ihre Runden, erst längs in blechernen Rinnen nach hinten geschoben, dann quer auf einem Gummilaufband wieder nach vorne wandernd. Dennoch haben sie es in der Alltagssprache nie zu einem rechten Namen gebracht. Man greift sie sich wortlos, und wer eines braucht, fragt die Kassiererin höflich, ob sie vielleicht »so ein Ding« herüberreichen könne. Unsere Einzelhandelskonzerne haben sich das Wort »Warentrennstab« ausgedacht – ein bürokratisches Ungetüm, das wohl nur in Ausnahmefällen die Lippen eines lebenden Menschen passiert. Viel schöner ist die plattdeutsche Wortschöpfung des *Miendientje*. Mit diesem geradezu possierlichen Wort gewinnt das schnöde Geschehen auf dem Warenband eine poetische Qualität; das Eingekaufte trennt sich säuberlich in Mein und Dein, das hässliche Plastikteil verwandelt sich in ein nettes »Meindeinchen«, und das Einkaufen wird vielleicht ein klein wenig erfreulicher.

Nachtkrapp

SUBSTANTIV, MÄNNLICH, PFÄLZISCH

Schreckgestalt, die nachts die Kinder holt

Schon vor Jahrhunderten geisterte er als *nachthraban* durchs finstere Mittelalter: der *Nachtkrapp,* eine düstere Rabenfigur, die angeblich nachts die Ziegen aussaugte. Sein reales Vorbild könnte der krummschnabelige Waldrapp gewesen sein, ein großer, schwarzer Ibisvogel, der tatsächlich bis zum 17. Jahrhundert in Mitteleuropa lebte (natürlich nicht von Ziegenblut, sondern von Würmern und Insekten). Wie der Böse Wolf oder der Schwarze Mann diente der Nachtkrapp als Schreckgestalt, mit der Eltern aufsässige Kinder einschüchterten: »Zum Abendessen bist du aber wieder da, oder der Nachtkrapp holt dich!« – »Iss auf, sonst kommt der Nachtkrapp!« Obwohl das zum Glück aus der Mode gekommen ist, fürchten sich die Kinder immer noch vor Monstern unter dem Bett. Und auch der Waldrapp kommt zurück: In Bayern und Österreich wurden die ersten Vögel erfolgreich wieder angesiedelt.

Ofsupsel

SUBSTANTIV, NEUTRUM, OSTFRIESISCHES PLATTDEUTSCH

Aufgegossener Rest in der Teekanne

Dreihundert Liter Tee trinkt der Ostfriese pro Jahr (die Ostfriesin vermutlich auch) – zehnmal mehr als der Rest der Deutschen. Vielleicht, weil Ostfriesentee besonders lecker schmeckt? So geht's: Pro Tasse einen Teelöffel losen Schwarztee mit kochendem Wasser aufgießen, drei bis fünf Minuten lang ziehen lassen, in eine zweite Kanne abgießen. In jede Tasse einen *Kluntje* Kandis legen, mit Tee übergießen und ganz vorsichtig einen Löffel Sahne daraufgleiten lassen. Nicht umrühren! Nur dann schmeckt man beim Trinken mehrere Schichten: oben das milde, lauwarme Sahnewölkchen, in Ostfriesland *Wulkje* genannt, dann den herben Tee und ganz unten eine süße Kandispfütze. Und wenn alle ihre drei Tassen Tee bekommen haben, kann man den Rest aus der Teekanne noch einmal aufgießen. Das ergibt dann das »Abgesoffene«, das *Ofsupsel*. Kein Wunder, dass dabei dreihundert Liter zusammenkommen …

Oschauschei

ADJEKTIV, BAYERISCH

Den Blickkontakt meidend

Allegra, »Freue dich« – so grüßt man auf Rätoromanisch andere Bergwanderer. Im Iran sagt man passenderweise *chaste naboschi,* »Mögest du nicht müde werden«, jedenfalls laut »Berggruß-Knigge« des Deutschen Alpenvereins. Aber manche Leute starren auch nach einem freundlichen »Grüezi«, »Servus« oder »Hallo« weiter wortlos zu Boden. *Oschauschei,* »anschau-scheu«, nennt man solche Leute in Bayern. Oschauschei-Sein (für Nichtbayern ein echter Zungenbrecher) ist aber manchmal auch angebracht: Psychologische Experimente haben gezeigt, dass wir direkten Blickkontakt schon nach 3,2 Sekunden als unangenehm empfinden. In der Londoner U-Bahn gilt es als taktlos, Mitreisenden überhaupt in die Augen zu sehen. Und in München bat Kurfürst Karl Theodor die Spaziergänger des 18. Jahrhunderts per Anschlagzettel, »einander nicht durch ewiges Grüßen beschwerlich zu fallen«. In Berlin ist man weniger oschauschei: Dort suchen Hunderte von BVG-Fahrgästen im Internetforum *Augenblicke* nach anderen Unscheuen wie der »Frau mit zwei Katzen« oder dem »Basketballer aus der U9«, in die sie sich unterwegs buchstäblich ver-guckt haben.

Plörre

SUBSTANTIV, WEIBLICH, RHEINISCH/WESTFÄLISCH/NIEDERSÄCHSISCH

Wässrige Flüssigkeit

Eine wahre Geschichte: Hinter den rosengemusterten Vorhängen einer rosenumrankten *Bed-and-Breakfast*-Pension in einem kleinen Dorf in Südengland saß einmal ein deutsches Fräulein zwischen rosenbestickten Kissen an einem Tisch mit Rosentischdecke und schenkte sich Kaffee ein, natürlich aus einem Porzellankännchen mit Rosenmuster. Das Getränk war von so hauchzartem Goldbraun, dass die Rose am Tassenboden deutlich sichtbar blieb. Noch während das Fräulein fassungslos in die Tasse starrte, über diese Veranschaulichung des sächsischen Wortes *Blümchenkaffee* nachsann und überlegte, wie sich der Satz »Was ist denn das für eine *Plörre*?« in höfliches Englisch übertragen ließe, eilte die rosige Wirtin besorgt herbei. »Ist er zu stark, *my dear?* Soll ich Ihnen noch ein wenig heißes Wasser bringen?« Übrigens ist die Plörre mit dem französischen *pleurer,* »weinen«, verwandt – vielleicht, weil sie zum Heulen dünn ist? Sie muss aber kein Kaffee sein; jeder dürftige Drink, jede wässrige Suppe, jedes schale Bier darf – leise! – so genannt werden.

Reformande

SUBSTANTIV, WEIBLICH, SÄCHSISCH

Auf Besserung des Übeltäters zielende Strafpredigt

»Sprachfehler und verwechselte Ausdrücke« sammelte August Fülleborn im Jahr 1800 in seiner Zeitschrift *Der Breslauische Erzähler* – er hoffte, eine »Sammlung von dergleichen Irrtümern« werde auf seine Leser »belustigend« wirken. Auf seiner Fehlerliste bemängelte er unter anderem den Begriff *Reformande* als falsche Eindeutschung des französischen Wortes für »Rüge«, *réprimande*. Ob fehlerhaft oder nicht – die Reformande, lateinisch in etwa »die Verbessernde«, hat mehr als zwei Jahrhunderte überlebt und wurde 2017 zu einem der sächsischen Wörter des Jahres gekürt. Das zeugt vom menschenfreundlichen Geist der Sachsen: Ist es nicht viel erfreulicher, jemanden zu reformieren, also in einen neuen und besseren Menschen zu verwandeln, als ihn oder sie mit einer Predigt zu strafen oder gar – im ursprünglichen Sinne des französischen Verbs *réprimer* – niederzuhalten und zu unterdrücken?

Russenluft

SUBSTANTIV, WEIBLICH, THÜRINGISCH UND HESSISCH

Eisiger Ostwind

Kalt fällt von Norden die Tramontana herab. Der Libeccio streicht von Südwesten heran. Und aus dem Süden weht der Scirocco heiße Wüstenluft über das Meer. Winde tragen blumige Namen, nicht nur an der italienischen Riviera: Elvegust-Böen zischen so heftig in norwegische Fjorde hinab, dass deren Wasser zu Gischt zerstäubt. Bhoots wirbeln indischen Staub empor, angeblich gegen den Uhrzeigersinn. Der Abroholos braust kurz und nass an der Küste Brasiliens entlang. Und die Winde Nordafrikas beschrieb schon der englische Patient in Michael Ondaatjes gleichnamigem Roman – »den *aajej,* vor dem sich die Fellachen mit Messern schützen« und den »heißen, trockenen *ghibli* aus Tunis, der sich dahinwälzt und Gereiztheit verbreitet«. Wir haben nur unsere kalten Ostwinde benannt: Durch Thüringen braust winters eiskalte *Russenluft* gen Westen, durch Ostbayern der *Böhmwind* und durch die Schweiz die *Bise*.

Linde Lüftchen bleiben leider namenlos.

Schnäderfrässig

ADJEKTIV, SCHWEIZERDEUTSCH

Sehr wählerisch, was das Essen angeht

Leute, die beim Essen extrem wählerisch sind und vieles nicht mögen, gibt es überall – nur kein hochdeutsches Wort dafür. In der Schweiz nennt man sie *schnäderfrässig,* und viele andere deutschsprachige Regionen haben ihre eigenen Adjektive für die Menschen, die man in England *picky eaters* nennt: In Norddeutschland sagt man *krüsch,* auf Bairisch *hählmaulig,* auf Mittelelbisch *kisefretsch* und auf Kurpfälzisch *schnegisch.* Für ganz extreme Fälle gibt es noch den medizinischen Fachbegriff »orthorektisch«. Niemals und unter gar keinen Umständen sollte man allerdings die – immer zahlreicheren – Menschen, die an Lebensmittelallergien und Unverträglichkeiten leiden, sich vegan, makrobiotisch oder frutarisch ernähren oder einer Paleo-, Trennkost- oder Low-Carb-Diät folgen, »schnäderfrässig« nennen.

Slackermaschü

SUBSTANTIV, NEUTRUM, SCHLESWIG-HOLSTEINISCH UND MECKLENBURGISCH

Schlagsahne und andere schwabbelige Substanzen

Einige ihrer hinterhältigsten Fallstricke hat die Kochkunst auf dem glitschigen Gebiet der Desserts ausgelegt. Hier geht es um die ebenso subtile wie störungsanfällige Frage der Konsistenz: Cremig soll es werden, aber nicht suppig. Luftig, aber nicht weich. Knusprig, aber nicht hart. Und an jeder Ecke lauern potenzielle Katastrophen: Schaumige Souffléwolken versinken in schlaffen Haufen. Geschmolzene Schokolade verklumpt zu steinharten Brocken. In der Vanillesoße treiben glibberige Schlieren aus Rührei. Und, die gängigste Panne von allen: Käsekuchen, Crème Caramel oder Panna Cotta werden nicht appetitlich stichfest, sondern bleiben schlabberig weich – *Slackermaschü*. Falls es sich bei dem Slackermaschü um Schlagsahne handelt, hat alles seine Richtigkeit. Falls nicht, ist etwas schiefgelaufen – die Soße ist zu fest, der Pudding zu flüssig. Zum Glück schmeckt es meistens trotzdem gut.

Sömmern

VERB, VORARLBERGERISCH

Im Sommer auf die Hochweide treiben

Auf den Alpwiesen Vorarlbergs gedeihen nicht nur prächtige Bergblumen, sondern auch allerliebste Verben: Die Rindviecher werden *gesömmert,* die Hochweiden *bestoßen,* und wenn eine Kuh einmal stolpert, kann es passieren, dass sie am steilen Hang *verkugelt.* Sömmern tut den Kühen gut. Wenn sie einen Sommer in den Bergen verbringen dürfen, erst auf dem Maisäss in halber Höhe und dann auf der Hochalpe, mit frischem Quellwasser, klarer Luft und würzigen Bergkräutern, liefern sie beste Milch und feinsten Alpkäse. Vielleicht sollten die Menschen in den heißesten Monaten auch gesömmert werden? Die Franzosen fahren im August praktisch geschlossen ans Meer, Italien macht um Ferragosto herum dicht. In Deutschland pflegte man noch vor hundert Jahren wochenlang mit Sack und Pack, Kind und Kegel in die Sommerfrische zu reisen, ans Meer oder in die Berge – eine Tradition, die eine Wiederbelebung verdient hätte …

Spack

ADJEKTIV, RHEINISCH

Sehr eng sitzend (bei Kleidungsstücken)

Kleidungsstücke elastischer Machart – Badeanzüge, Radlerhosen, Gymnastiktrikots – scheinen nur zwei Aggregatzustände zu kennen. Zunächst sitzen sie so *spack,* dass sie jedes Röllchen, jede Falte des menschlichen Leibes schonungslos hervorheben oder gar auf boshafteste Weise überhaupt erst hervorrufen. (Das Verkaufspersonal um Beratung zu bitten ist hier übrigens sinnlos. Der Kommentar wird unweigerlich lauten: »Das muss so sitzen.«) Nach einiger Zeit lässt dann die Spannkraft nach, und das vorher so spacke Teil wird *lommelig,* wie man im Schwäbischen sagt. Bei Kinderkleidung kann das durchaus erwünscht sein: Im Idealfall lommelt der Pullover oder Badeanzug genauso schnell aus, wie das Kind wächst, und passt dadurch etwas länger – ein Effekt, den sparsame schwäbische Eltern zu schätzen wissen.

Spatzenwadl & Krautstampfer

SUBSTANTIVE, PLURALWÖRTER, BAYERISCH

Zu dünne Männer- bzw. zu dicke Frauenwaden

Jahrhundertelang dienten Trachten und Uniformen, Reifröcke und Korsetts dem Zweck, weniger formschöne Teile männlicher und weiblicher Körper diskret in Form zu pressen oder vor kritischen Blicken in Schutz zu nehmen. Diese Zeiten sind vorbei. Heute legt die Modeindustrie unsere Leiber gnadenlos frei; entsprechend strengen Kriterien hat sich die menschliche Anatomie zu unterwerfen. Frauen arbeiten an Bauch und Po, Männer an Bizeps und Sixpack. Die Waden gehören erfreulicherweise zu den wenigen Körperteilen, die – bislang – keinen Perfektionsstress verursachen. Nicht so in Bayern: Dicke *Krautstampfer* unterm Dirndl oder dürre *Spatzenwadl* zu Lederhose und Trachtenstutzen entsprechen nicht dem strengen bayerischen Schönheitsideal für weibliche wie männliche Waden. Wie der Bayerische Rundfunk es so treffend ausdrückt: »Der Bayer ist hier sehr anspruchsvoll.«

Tachinieren

VERB, ÖSTERREICHISCH

Sich vor der Arbeit drücken

Ein »Lob des Müßiggangs« sang der Philosoph Bertrand Russell schon 1932 in seinem gleichnamigen Essay: Er plädierte dafür, die Arbeit so zu verteilen, dass jeder Mensch höchstens vier Stunden pro Tag arbeiten müsse – dann würde es »wieder Glück und Lebensfreude geben, statt der nervösen Gereiztheit, Übermüdung und schlechten Verdauung«. Alle hätten genug Zeit, um künstlerischen oder geistigen Neigungen nachzugehen, und würden nicht mehr aus schierer Erschöpfung »nach passiver und geistloser Unterhaltung verlangen«. Russells Forderung ist bis heute nicht umgesetzt – wer seine Arbeitsbelastung auf ein verträgliches Maß reduzieren möchte, muss das selbst in die Hand nehmen, beispielsweise durch *Tachinieren*. Mit diesem ebenso eleganten wie rätselhaften Begriff bezeichnet man in Österreich den Vorgang des Sich-vor-der-Arbeit-Drückens – sei es durch Faulenzen am Arbeitsplatz, sei es durch Krankfeiern. Schon 1932 spottete die *Weltbühne* über dieses *»doltsche deutsche far niente«:* »Im Grunde ist jeder Österreicher ein Tachinierer.« Irgendwer muss schließlich anfangen mit dem Müßiggang.

Tröstelbeer

SUBSTANTIV, NEUTRUM, OSTFRIESISCHES PLATTDEUTSCH

*Bier, das anlässlich einer Beerdigung
ausgeschenkt wird*

Ein kühles *Tröstelbeer* nach einer Beerdigung – das klingt deutlich freundlicher als der düster doppeldeutige »Leichenschmaus«. In Ostfriesland und darüber hinaus ist es seit Jahrhunderten Brauch, Bier an die Trauergäste auszuschenken. Es floss teilweise in solchen Mengen, dass sich Anna von Oldenburg, Gräfin von Ostfriesland, im Jahr 1545 gezwungen sah, per Polizeiverordnung den *»grot Misbruck«* des Tröstelbeers zu tadeln und uneingeladenes Erscheinen ebenso unter Strafe zu stellen wie länger als zwei Stunden dauerndes Weitertrinken. (Ob der »große Missbrauch« daraufhin nachließ, ist nicht überliefert.) Zu den Verwandten des Tröstelbeers gehört seit jeher das *Kindelbeer* zur Feier einer Geburt; ein weiterer Cousin ist neueren Datums: das »Stütz-« oder »Konterbier«, das den katergeschädigten Organismus am nächsten Morgen regenerieren soll. Übrigens ein wissenschaftlich umstrittener Weg – vermutlich schiebt das Stützbier den unvermeidlichen Kater nur hinaus …

Ufflädig

ADJEKTIV, HESSISCH

*Jemand, der sich beim Essen
zu viel nimmt*

Er ist so alt wie die Menschheit selbst: der Kampf zwischen Zivilisation und Barbarei, Großmut und Gier, Höflichkeit und Heißhunger. Tag für Tag fechten Eltern und Kinder diesen Kampf aufs Neue aus: »Bevor du dir ein drittes Stück Kuchen nimmst, fragst du Tante Barbara, ob sie noch eines möchte!« Im besten Fall schaffen es die Eltern, gierige Gören zu manierlichen Essern zu erziehen, die sich nur so viel nehmen, wie ihnen zusteht und bekommt. Im schlechtesten Fall kommen Leute heraus, die in Hessen *ufflädig* genannt werden, weil sie sich so riesige Mengen auf den Teller laden. Das bevorzugte Revier der Ufflädigen sind Hotelbuffets. Dort blättert die dünne Tünche der Zivilisation ab, und sie räumen ohne Zögern die gesamte Räucherlachsplatte leer, stapeln statisch gewagte Türme aus Törtchen oder nehmen sich alle drei verbliebenen Steaks auf einmal.

Wulkenschuber

SUBSTANTIV, MÄNNLICH, PLATTDEUTSCH

Nichtstuer, der die Wolken betrachtet

Ein seltenes Hobby empfiehlt Ernst Neukamp in seinem *Wolken-Wetter-Kompass:* das Wolkensammeln. Es sei eine sinnvolle Beschäftigung, außerdem »überall und für jeden möglich«, ob für den »bescheidenen Sammler, der nur seine Augen benutzt«, oder für den Profi mit Kamera. Wer angesichts von Cirrocumulus, Nimbostratus oder Cumulonimbus keinen Sammeltrieb entwickelt, kann stattdessen *Wulkenschuber* werden. Das Betrachten und gedankliche Über-den-Himmel-Schieben von Wolken – am besten in Rückenlage von einer Wiese aus – ist eine unerschöpfliche Beschäftigung für Müßiggänger. Fabelwesen, Gesichter und Landschaften ziehen vorüber oder zerfallen ins blaue Nichts. »Fliegende Bilderrätsel« nennt Hans Magnus Enzensberger sie in seinem Gedicht *Die Geschichte der Wolken* und rät: »Gegen Stress, Kummer, Eifersucht, Depression / empfiehlt sich die Betrachtung der Wolken.«

Z'nüni

SUBSTANTIV, NEUTRUM, SCHWEIZERDEUTSCH

Imbiss um neun Uhr, zwischen Frühstück und Mittagessen

Um neun Uhr morgens haben manche Leute noch nicht einmal das erste Frühstück hinter sich. Die Schweizer aber nennen ihre zweite Tagesmahlzeit – früher Brot und Wein auf dem Feld, heute meist Kaffee und Croissant – *Z'nüni*, »um neun«. Sie müssen echte Frühaufsteher sein. Im Münsterland heißt das zweite Frühstück *Tienührken*, findet also immerhin erst um zehn Uhr statt. Die Engländer nehmen ihr *elevenses* ganz entspannt noch eine Stunde später ein. Mit etwas Bemühen könnte man sich also multikulturell durch den Tag essen: vom Frühstück zum Z'nüni, zum Tienührken und zum elevenses, dann Mittagessen und vielleicht eine kurze Siesta, bevor es um vier Uhr zu Kaffee und Kuchen, danach zum *five o'clock tea*, gegen sechs zum Schweizer *Apéro* mit Wein und Häppchen und zuletzt zum Abendessen geht. Danach vielleicht noch eine Mitternachtssuppe? Und anschließend eine Fastenkur.

Zurückdummen

VERB, OSTPREUSSISCH

Allmählich wieder dümmer werden

Im Alter blüht all jenen, die nicht im Vollbesitz ihrer geistigen Kräfte von Herzinfarkt oder Hautkrebs dahingerafft werden, der allmähliche Abbau ebendieser: Erst gehen die Französisch-Vokabeln verloren, dann folgen Namen (meine Großmutter federte das ab, indem sie Tochter und Enkelinnen gleichermaßen mit »Susemartinafia« ansprach), und irgendwann lernt man täglich neue Leute kennen. Dieser Prozess wurde im alten Ostpreußen ebenso knapp wie boshaft *Zurückdummen* genannt – Siegfried Lenz beschreibt in seinem Roman *Heimatmuseum,* wie der alte Onkel Adam allmählich »zurückdummt«, bis sich seine Frau ein Namensschildchen anstecken muss, weil er sie nicht mehr erkennt. Im Extremfall dummt man wieder zurück bis auf Kleinkindniveau. Gegen solche Entwicklungen sind wir auch in jüngeren Jahren nicht gefeit. Der Hirnforscher Siegfried Lehrl bestätigt, was Lehrerinnen und Lehrer schon lange vermuten: Schon drei Wochen Sommerferien reichen aus, um unseren IQ um zwanzig Punkte zu senken.

Nach-Wort: Danke!

Unerhört viele Menschen haben zu diesem Buch beigetragen. Freunde und Verwandte, Nachbarn und Wildfremde, Kolleginnen und Fachleute aus allen Himmelsrichtungen schickten mir *Wörter, die es nicht auf Hochdeutsch gibt,* erklärten Bedeutungsnuancen und lieferten geduldig Verwendungsbeispiele.

Mein Dank geht an Svenja Becker, meine Eltern Dr. Jörg und Ursel Blind, Benno Böhm, Andreas Bösch, Isabel Bogdan, Gisela Bolhöfer, Dr. Boris Boller, Christoph Braendle, Helmut Collmann, Hans-Peter Dieterich von der *Frankfurter Neuen Presse,* Gudrun Held und das ganze Team der Stadtbücherei Diez, Dr. Norbert Huser, Dr. Philipp Ischer, Elinor Kirsch, Hans Klecker und sein *Oberlausitzer Wörterbuch,* Birgit Latz, Prof. Dr. Maria Linsmann, Hans Meinen, Plattdeutschbeauftragter des Landkreises Wesermarsch, Christine und Jens Maria Merz, Stefan Meyer, Fachreferent für Niederdeutsch und Saterfriesisch bei der Oldenburgischen Landschaft, Tanja Rauch, Adolf Sanders, Heidi Saremba, Monika Schuster, Jürgen Schwab, Andrea Siebert und das Ostfriesische Teemuseum, Dr. Tobias Streck von der Universität Freiburg, Alexandra Titze-Grabec, Andrea van Wijk, Ralph Werner, Dr. Matthias Wolf, Lilly Zimmerli, Dr. Wolf und Rosmarie Zimmerli und an alle, die ich hier vergessen habe. Herzlichen Dank! Vergelt's Gott! Merci vielmal!

Ein dickes Dankeschön auch an die ebenso netten wie kompetenten Menschen, die dieses Buch Wirklichkeit werden ließen: an meine Agentin Andrea Wildgruber, an Marisa Botz, Kerstin Thorwarth und das wunderbare Team des DuMont Buchverlags – und vor allem an Nikolaus Heidelbach für seinen überraschenden und witzigen eigenen Blick auf die Wörter. Es war eine Freude, mit Euch zusammenzuarbeiten!

Und zuletzt danke an die Allerwichtigsten: Thomas, Jasper und Lucie. Ohne Euch wäre das alles nichts geworden. Heidenei!

Kleine Bibliografie zur Dialektkunde

Zur Einführung
Eine ebenso sachkundige wie unterhaltsame Einführung in die deutschen Dialekte bietet Karl-Heinz Göttert, *Alles außer Hochdeutsch. Ein Streifzug durch unsere Dialekte,* Berlin: Ullstein 2011. Er erklärt die Unterschiede zwischen Nieder-, Mittel- und Oberdeutsch, erläutert, was es mit der ersten und zweiten Lautverschiebung auf sich hat, beschreibt alle deutschen Dialekte (und das Plattdeutsche) mit ihren Eigenheiten und gibt zahlreiche Literaturhinweise.

Wörterbücher
Die Vielfalt der deutschen Dialektwörterbücher ist unüberschaubar – für die gängigsten Mundarten reicht die Auswahl vom Minitaschenbuch bis zum mehrbändigen wissenschaftlichen Werk. Die fundiertesten Nachschlagewerke sind die sogenannten großlandschaftlichen Wörterbücher, die zum Teil online einsehbar sind; zu ihnen gehören u. a. das *Badische, Bayerische, Brandenburg-Berlinische, Fränkische, Pfälzische, Rheinische, Schleswig-Holsteinische, Schwäbische, Thüringische* und das *Westfälische Wörterbuch.*

Das wichtigste Wörterbuch der schweizerdeutschen Sprache ist das auf insgesamt siebzehn Bände angelegte *Schweizer Idiotikon,* das auch im Internet verfügbar ist (idiotikon.ch); daneben gibt es zahlreiche Wörterbücher für Schweizer Dialekte vom *Aargauer* bis zum *Zürichdeutschen Wörterbuch.* Die österreichischen Dialekte werden im *Wörterbuch der bairischen Mundarten in Österreich* wissenschaftlich aufgearbeitet; den Wiener Wortschatz verzeichnet Peter Wehles Klassiker *Sprechen Sie Wienerisch?,* Wien: Ueberreuter 2012.

Ein zwölfbändiges Großwörterbuch zur plattdeutschen Sprache ist Otto Buurmans *Hochdeutsch-plattdeutsches Wörterbuch auf Grundlage ostfriesischer Mundart,* Neumünster: Wachholtz 1962–1975 (online nutzbar unter oostfreesketaal.de/buurman); handlicher ist das Standardwerk *Der neue Sass. »Plattdeutsches« Wörterbuch,* Kiel: Wachholtz 2016.

Die Varianten der deutschen Schriftsprache – in der Schweiz und in Österreich wird ein anderes Standarddeutsch gesprochen und geschrieben als in Deutschland – sind in einem empfehlenswerten neueren Wörterbuch verzeichnet: Ulrich Ammon et al. (Hrsg.), *Variantenwörterbuch des Deutschen. Die Standardsprache in Österreich, der Schweiz und Deutschland sowie in Liechtenstein, Luxemburg, Ostbelgien und Südtirol,* 2. Auflage, Berlin/New York: Walter de Gruyter 2016.

Sprachatlanten
Zu den großen Forschungsprojekten der Dialektologie gehört auch kartografische Arbeit: Sogenannte Sprachatlanten verzeichnen, welche Ausdrücke und Aussprachevarianten wo verbreitet sind. Das bekannteste Werk ist der historische *Deutsche Sprachatlas* (online unter regionalsprache.de). Eine aktuelle Übersicht über die Entwicklung deutscher Dialekte und ihre Verbreitung bietet Werner König et al., *dtv-Atlas Deutsche Sprache,* 18. Aufl., München: dtv 2015. Das Online-Forschungsprojekt *Atlas zur deutschen Alltagssprache* (atlas-alltagssprache.de) erfasst laufend unsere regionale Gegenwartssprache; eine unterhaltsame Kurzfassung der Ergebnisse liefern Adrian Leemann, Stephan Elspaß et al., *Grüezi, Moin, Servus! Wie wir wo sprechen,* Reinbek: Rowohlt 2017.

Register

Adabei 8
Aminaschlupferle 10
Anscheuseln 12
Apéro 104
Aufundzu 36
Ausbochen 30
Bänkler 70
Bestoßen 90
Bise 84
Blaufahrer 5
Blötsch 6, 14
Blomenkieker 16
Blümchenkaffee 80
Böffchen 18
Böhmwind 84
Boofen 20
Breschtlingsgsälz 4
Bruddeln 22
Chröömle 24
Chuchichäschtli 4
Dämmse 6, 20
Dattara 5
Demsche 6
Derlechert 5
Doadeln 26
Dönekes 6, 28
Döntjes 6
Dramhappert 30
Drömeln 32
Fei 5
Fisimatenten 7

Fisseln 34
Flemm 42
Fluchtachterl 36
Fringsen 38
Froschgieke 6
Gäbig 5
Gasseglänzer 40, 50
Gehäugnis 6
Geheischnis 6, 42
Gfrett 5
Glump 44, 60
Grantlhuber 22, 46
Grottschnapper 6
Gschaftlhuber 46
Gscheidle 64
Gschläik 5
Gschpusi 5
Gumpen 48
Gumpenpritschler 48
Hählmaulig 86
Hämeln 42
Heimlifeiss 50
Herräumen 52
Herumbubeln 54
Hollerfassli 56
Höpfelig 2, 5, 112
Hornske 6, 58
Hornzsche 6
Hudeln 60
Hümmelchen 6
Hundsverlochete 62

Jehöschness 6
Käpsele 64
Käpselespistole 64
Karfiol 4
Kindelbeer 98
Kisefretsch 86
Klönsnack 70
Kluntje 76
Krautstampfer 94
Krepierl 26
Krüsch 86
Kukuruz 4
Längizyti 66
Lätschig 68
Lappöhrchen 38
Leiberl 70
Leusorg 4
Lommelig 92
Matschakerl 5
Miendientje 72
Mitschnacker 5
Mülmern 5
Nachtkrapp 74
Oachkatzlschwoaf 4
Ofsupsel 76
Oschauschei 78
Paradeiser 4
Plörre 80
Plötsch 6
Plüschmors 4
Puderant 5

Reformande 82
Russenluft 84
Scheußel 12
Schickeria 8
Schlawitzerchen 6
Schmähstad 5
Schnäderfrässig 86
Schnegisch 86
Schneidteufel 6
Sitzweil 5
Slackermaschü 88
Sömmern 90
Spack 12, 92
Spatzenwadl 94
Spienzle 50
Tachinieren 96
Tienührken 104
Tröstelbeer 98
Tschamsterer 5
Tschinggelen 5
Ufflädig 100
Uselig 34
Verheben 5
Verkugeln 90
Wäbbeln 56
Wulkenschuber 102
Wulkje 76
Z'nüni 104
Zurückdummen 106
Zwischenlichten 5

Quellen

Vorwort: Eugen Dobler, *Leusorg im Großen Walsertal. Die Lawinenkatastrophe 1954,* Blons: E. Dobler 1982.

Adabei: Adolph Wimmer, *Wien und die Wiener. Ungeschminkte Schilderungen eines fahrenden Gesellen,* Berlin: Eduard Rentzel 1892, S. 54, sowie Gregor von Rezzori, *Idiotenführer durch die deutsche Gesellschaft,* Teil 3: *Schickeria,* Reinbek: Rowohlt 1963.

Dönekes: Giordano Bruno, *De gli eroici furori (Von den heroischen Leidenschaften),* 1585, Buch II, 3.

Dramhappert: Salvador Dalí, *50 magische Geheimnisse,* Köln: DuMont 1986.

Drömeln: Walter Benjamin, *Das Passagen-Werk,* Bd. 1 (= *Gesammelte Schriften* V.1), Frankfurt a. M.: Suhrkamp 1991, S. 532.

Gasseglänzer: *Zeitschrift des Vereins für rheinische und westfälische Volkskunde,* 14. Jahrgang (1917), S. 133.

Herumbubeln: Birgit Gegier Steiner, *Artgerechte Haltung. Es ist Zeit für eine jungengerechte Erziehung,* Gütersloh: Gütersloher Verlagshaus 2015.

Hundsverlochete: Aristoteles, *Historia Animalium,* Buch VI, Kapitel 3.

Längizyti: Jeremias Gotthelf, »Das Erdbeeri Mareili«, in: ders., *Aus dem Bernerland,* Berlin: Julius Springer 1872, S. 91.

Oschauschei: »Kleiner Berggruß-Knigge«, in: *Alpinwelt* 1/2011, S. 14, sowie Melinda Wenner Moyer, »Eye Contact: How Long Is Too Long?«, in: *Scientific American Mind* 27, 1 (2016), S. 8.

Reformande: August Fülleborn (Hrsg.), *Der Breslauische Erzähler. Eine Wochenschrift,* Zweite Abteilung, Breslau: Grasses Erben 1800, S. 633.

Russenluft: Michael Ondaatje, *Der englische Patient,* München: dtv 1997, S. 25.

Tachinieren: Bertrand Russell, *Lob des Müßiggangs und andere Essays,* Zürich: Diogenes 1989, S. 30, sowie Norbert Schiller, »Tu felix Austria«, in: *Die Weltbühne,* 28. Jahrgang, 1. Halbjahr (1932), S. 36.

Tröstelbeer: Eggerik Beninga, *Volledige Chronyk van Oostfrieslant,* Emden: Meybohm, Beek, Wolffram 1723, S. 773.

Wulkenschuber: Ernst Neukamp, *Wolken-Wetter-Kompass,* München: Gräfe und Unzer, o. J., S. 79, sowie Hans Magnus Enzensberger, *Die Geschichte der Wolken,* Frankfurt a. M.: Suhrkamp 2003, S. 134.

Zurückdummen: Siegfried Lenz, *Heimatmuseum,* Hamburg: Hoffmann und Campe 2018, S. 304, sowie Günter Ermlich, »Nachgefragt«, Interview mit dem Hirnforscher Siegfried Lehrl, in: *ZEIT Online,* 31.8.2000, editiert am 2.1.2014.

Sofia Blind

lebt als Literaturübersetzerin, Autorin und Gärtnerin im Lahntal; unter anderem überträgt sie die Bücher von Nigel Slater, John Lewis-Stempel und Helen Jukes ins Deutsche. Unübersetzbare Wörter beggenen ihr bei ihren Buchübersetzungen aus dem Englischen ebenso oft wie in ihrer schwäbisch-rheinischen Mischehe, in der immer wieder Begriffsstreitigkeiten aufkommen: Sagt man »Apfelbutzen« oder »Apfelkitsch«? Spielt man (erfolgreich) Fangen oder (erfolglos) Nachlaufen? Und – interkulturell besonders heikel: Feiert man Fasnet oder Karneval?

Nikolaus Heidelbach

lebt in Köln. Seine Bilderbücher und Illustrationen wurden vielfach ausgezeichnet, für sein Gesamtwerk erhielt er den Sonderpreis des Deutschen Jugendliteraturpreises. Die von ihm ausgewählte und illustrierte Ausgabe der *Märchen der Brüder Grimm* von 1995 wurde ebenso gefeiert wie seine 2004 erschienene Ausgabe der Märchen von Hans Christian Andersen. Bei DuMont veröffentlichte er zusammen mit Wiglaf Droste und Vincent Klink die Bände *Wurst, Weihnachten, Wein, Wild, Gemüse* und *Liebe*.

Impressum

Vierte Auflage 2021
© 2019 DuMont Buchverlag, Köln
Alle Rechte vorbehalten

Satz: Birgit Haermeyer
Reproduktionen: PPP Pre Print Partner, Köln
Druck und Bindung: Print Consult GmbH, München

Printed in Slowakia
ISBN 978-3-8321-9956-2
www.dumont-buchverlag.de

Frontispiz

Höpfelig
ADJEKTIV, SCHWÄBISCH
So ungeduldig, dass man förmlich auf und ab hüpft